LA GATA
NO ACUDE
A FUNERALES

Ada Menéndez

COLECCIÓN ITES

LA GATA NO ACUDE A FUNERALES

© Ada Menéndez
© Prólogo: Nacho Escuín
© de esta edición: Olé Libros, 2025

ISBN: 979-13-87620-86-8
Depósito legal: V-2933-2025
Impreso en España

KALOSINI, S. L.
Grupo editorial olélibros
equipo@olelibros.com
www.olelibros.com

Este libro está dedicado a Fran Picón y Marta Huerta,
por darme refugio cuando meto la pata
y quererme incondicionalmente.

En el mundo animal pasan las cosas más bellas de la vida.

GLORIA FUERTES

PRÓLOGO

Un ciclón llamado Ada

Existe la costumbre ya aceptada por todos de poner nombre a aquellos fenómenos climáticos que se salen de lo normal. Habría entonces que plantearse qué es eso de la normalidad y cuándo algo deja de serlo. Los tiempos cambian (están cambiando, decía con precisión la canción de Dylan, premio Nobel pop[ular]) y lo que ayer era inusual hoy ya se normaliza. Qué sensación tan extraña esa, este mundo en el que habitamos, en el que ya nada nos sorprende. Este es el signo de nuestros tiempos, las cosas ahora son así, una sociedad insensibilizada que come ante el televisor mientras ve imágenes de la Gaza bombardeada o de la invadida Crimea. Un tiempo en el que el consumo atrapa lo que es independiente para convertirlo en *mainstream* y explotarlo hasta sacar su última gota de valor. Son instantes difíciles que queremos vivir sin pensar demasiado en ellos y en lo que todo esto significa. Y ahí es donde se hace indispensable el huracán Ada, una mirada crítica que no hace otra cosa que enseñarnos a mirar de otra manera, haciendo que nos cuestionemos ese todo adormecido.

Voluptuosa, provocadora, incómoda y visceral, así es la poética de Ada Menéndez, un torbellino que dice desde la verdad a sabiendas de que solo en ella y desde ella podrá alcanzarse la belleza: «Soy la poderosa fuerza / que sostiene a otras gotas de agua, plácidas y preciosas». Aquí, podríamos decir que hay tanta autenticidad que no existe una división tan aparente entre su obra y su manera de entender el mundo. Quizá esa sea la clave de su propuesta poética y vital; ella es así, indómita y salvajemente atractiva.

Este libro es una declaración firme de intenciones o, mejor dicho, una reivindicación de la identidad: lo que uno es y lo que no es, lo posible y lo imposible, la paradoja habitual llevada a lo más profundo. Ada Menéndez nos dice dónde está y cómo es —o cómo cree que es—, para desde ahí lanzar un mensaje o una pregunta, como quien grita al mundo desde el borde de un acantilado: Esto soy, aquí me tienes, ¿podrás entender(me)?

La incomodidad señalada deviene de una cantidad de datos que la autora aporta poema a poema, como migas de pan para poder regresar a casa, aunque en este caso no sea exactamente ese su objetivo y sea más bien para ponernos sobre aviso y en situación: no hay una infancia feliz ni un hogar al que regresar. A veces olvidamos con facilidad que la vida no ha sido para todos tan fácil como la nuestra, tratamos de pensar que si a nosotros nos ha ido bien, a los demás también. Pero hay una llamada, una nota que nos lleva a pie de página de la autora y nos indica que no había un lugar al que querer volver después del internado, que no hay paz ni felicidad siempre en esa etapa crucial que es la infancia, y que la vida, aunque puede ser maravillosa, tiene la capacidad también de ser un perro que nos mira y puede morder en cualquier instante. Un aviso a navegantes que introduce la variable del dolor latente, de la incomprensión y quizá la falta de cariño, de la posibilidad de que haya en la tierra alguien que no haya tenido las cosas tan fáciles como nosotros:

Vamos como vinimos.
Visualizaría otro futuro,
pero algunas personas nos tenemos por familia
a nosotras mismas
y a todo lo que quepa
y a quien quepa
en el metro cuadrado
que nos recoge.

Sostenerse a uno mismo parece algo innato, pero no nos engañemos, como dijera Carver, casi todos tenemos alguien en quien apoyarnos. Quien ha tenido que forjarse a sí mismo sabe de la dificultad del embate y de la soledad que habita en quien ha tenido que aceptar ese reto. Hay referentes vitales y culturales obvios en sus poemas («La tristeza me transforma en / Janis Joplin / Natalie Wood / Sylvia Plath») y también literarios como Eva Vaz, Isla Correllero, Sonia San Román, Violeta C. Rangel o Angélica Liddell. Hay algo de todas las autoras citadas vinculado con la herida permanente, pero Ada Menéndez emerge como una figura romántica y feminista, como una Mary Shelley que apuesta por las pasiones, la libertad, el amor en estado puro y la reivindicación de los derechos de la mujer.

Además de todo lo señalado y que me fascina, hay un elemento más en el libro que me hace verlo con cercanía y candor. Hay continuas alusiones a Teruel, a sus símbolos y a algunos de los paisajes que reconozco desde mi niñez (la propia ciudad, Mora, Puertomingalvo...). Sé que no suena a algo muy científico ni filológico, pero es como si este libro hubiera sido escrito para mí, para gente como yo, para aquellos que buscamos la verdad desde la periferia.

Tengo la sensación de que la lectura de este libro es una conversación con la autora a través de un autorretrato con espejo llevado a cabo por ella con valentía y crudeza. Es algo así como entender lo que dice, entender a la autora y entendernos a nosotros mismos a partir de este libro.

Ya nada será igual tras leer estos poemas. Ese es el efecto del huracán Ada. Yo que vosotros, no me resistiría.

Nacho Escuín
Teruel, junio de 2025

PARTE I
CAER DE PIE

DE LUNES A VIERNES

Seamos borrachos de la fiesta,
     las palmas más flamencas del tablao,
     fluido de globo aerostático.
Pidamos alojamiento en el cumpleaños feliz,
     que nos encierren en el *backstage* de *Grease*.
Gravitemos hasta el campamento base de un anillo de Saturno,
     rotulemos *bienvenida* con letra ligada
     sobre el felpudo de nuestra *happy hour*.
Rallemos el mejor disco de la colección.
Fundamos la VISA perdiendo al blackjack.
Eliminemos tildes en esdrújulas.

Salgamos de nuestros lunes,
     vivamos en la clandestinidad de este viernes.

EMOCIONES VOLUPTUOSAS

Mi sinuosidad nace en mis caderas,
bordea mis senos,
se precipita irremediablemente
desde la cabeza
hasta el centro del tórax.

Si te marean las curvas,
evítame.

Es mi naturaleza

Yo no soy una gota de agua, plácida y preciosa, del meandro,
del meandro desbordado por otras gotas de agua,
plácidas y preciosas.
Yo soy la cascada de Ordesa, el ibón del Anayet, el Parrizal de Beceite.
Soy la poderosa fuerza
que sostiene a otras gotas de agua, plácidas y preciosas,
en los géiseres de Islandia, en los icebergs de la Antártida.
Y aunque fuese una simple gota de agua, plácida y preciosa,
mi propia grandeza colmaría
el vaso de tu vanidad.

CENIZAS

Nunca sé cerrar la boca,
me falta mano izquierda,
pienso un rato después de hablar,
olvido caras y nombres,
engullo demasiados pasteles de chocolate,
me levanto a las tres de la madrugada para liarme un cigarrillo,
canto mal a propósito e invento letras,
tiendo a la obsesión,
me fastidia envejecer,
cometo pecados que
      no
           me
                avergüenzan.

Soy la mujer perfecta para una noche de San Juan.

BARRICADA

*Gracias, Fran, por prestarme algunos de tus versos
para construir este poema.*

Tracemos un camino
        solo conocido por nuestro testimonio,
guiándonos por el instinto de ratas
que nos mordisquearon antes de ser
culpables.

No tengas miedo a la oscuridad
de una celda arreglada al mediodía.

Tendremos tiempo para la indecencia.
Mientras,
continuemos desertores.

Porque siempre se nos ha dado mejor
        perdonar
            que ser perdonados.

Porque eres mi flaqueza y yo
neumático en llamas en tu autopista.

Proporcionalidad

No hemos comprado discos en Camden Town
ni usado gafas 3D en un cine de verano,
jamás llegamos a compartir un plato de humus en Malasaña
o una risa por vernos caer en patines.

	demasiado
No hemos hecho nunca nada	divertido
	demasiado
como para echarnos ahora	de menos.

THELMA AL BORDE DEL PRECIPICIO

¿Y si diez o quince tequilas se agarran a mi garganta,
si el aceite Johnson unta mis piernas hasta la pelvis?
¿Y si Tennessee Williams me escribe una escena,
si el verano de Zaragoza me hace sudar sexy?
¿Y si camino desnuda por casa sabiendo que me ven,
si tú y yo nunca más volvemos a hablar sobre el amor?

Balancead vuestras cabezas al ritmo del *funky*
o de un *blues* de una mujer pelirroja de Covent Garden,
que yo estaré escupiendo *hip hop*.

Y si el punto G se escribe con J de *Joderteviva*,
nada me hará más feliz
que pasearme en un Ford Thunderbird del 66.

SIN RUMBO

Soy una rosa discontinua,
líneas longitudinales trazan la mediana
de cualquier autopista a medio asfaltar.

Dispongo de taxímetro siempre a cero
y atravesaré nuevas vías,
quizás la 666.

Pero te voy a confesar algo,
solo queda petróleo
para terminar esta botella y largarme.

PRIMERAS VOLUNTADES EN EL CANTÁBRICO

Si una noche me secuestran:
>que me golpeen en la cara,
>destrocen mi ropa interior,
>rompan mis labios,
>me hagan sangrar,
>arranquen mis dientes,
>me extraigan las uñas,
>corten el vientre,
>mutilen mis pechos,
>que me tengan sin beber y sin comer,
>aten mis brazos al parachoques
>>y arrastren kilómetros mi cuerpo.

Desfigurada:
>sin huellas dactilares,
>sin dentadura,
>sin marcas de nacimiento reconocibles.

Que me dejen así,
>anónima.

Pero, por favor,
lanzad mis restos al mar.

LA *EXMADAME*

En el barrio del Gancho hay una *exmadame*
que compra en la plaza
y pilota un carrito con verduras.

Tiene la sonrisa envejecida.

Desconozco si ejerció voluntaria u obligada,
desconozco si fue feliz o infeliz,
desconozco si se arrepiente de su pasado
o siente orgullo.

Solo sé
que, de pequeña,
cuando le preguntaron en el cole
qué quería ser de mayor,
no respondió «puta».

La *exmadame* sigue siendo
astronauta
        o veterinaria.

HOGAR, MALDITO HOGAR

La sopa de fideos huele al viernes del internado femenino
en el que me enclaustraron por mal comportamiento.

Ese día de la semana
las niñas nos sentábamos a la mesa
con nuestros platos vacíos,
     hambrientas por consomé,
     hambrientas por regresar al hogar.

Yo era
     la única que rogaba
          quedarse en la celda
               hasta el lunes.

La sopa de fideos no me olía a libertad
     ni a familia.

En mi caldo siempre flotaban pelos
que me arrancaban
     cuando volvía a casa.

LA CIGÜEÑA

A algunas personas nos ha parido la cigüeña.

Llegamos al mundo
    sin padre,
    sin madre,
    sin hermanos ni hermanas.

Y nos vamos
    sin hijos,
    sin nadie alrededor,
    sin plañideras.

Vamos como vinimos.

Visualizaría otro futuro,
pero algunas personas nos tenemos por familia
    a nosotras mismas
        y a todo lo que quepa
        y a quien quepa
en el metro cuadrado
que nos recoge.

EL ARTE DE LA INTOLERANCIA

No me quieres desnuda en la manifestación.
No me quieres gritando en las calles.
No me quieres con el puño en alto.
No me quieres hablándote a la jeta.
No me quieres protegiendo al toro de tu plaza.
No me quieres protestona de rancias costumbres.
No me quieres bailando sobre la tumba del dictador.

No me quieres mujer.
No me quieres libre.
No me quieres guerrillera.

Pero yo a ti sí te quiero.

Te quiero verde como el moho.
Te quiero en chupachups sin bola de caramelo.
Te quiero dentro del ámbar con un insecto.
Te quiero extinto como al carroñero *Dromaeosaurus*.
Te quiero fotografiado en daguerrotipo.
Te quiero viejo dentro de un sarcófago.
Te quiero sobre un guijarro en escritura cuneiforme.

Y no hablo de que te mueras,
        hablo de *intolerARTE*.

TERUEL

En la plaza del Torico
apenas quedan
restos de amantes.

El 18 de febrero
la fiesta de besos ha terminado.

No sé qué hago yo aquí.

CRY BABY

Los días tristes me ponen hermosa,
especialmente atractiva.

Los ojos me brillan.
La mirada horizontal
me vuelve enigmática.

Un silencio, poco acostumbrado en mí,
me hace irresistible.

La tristeza me transforma en
        Janis Joplin
        Natalie Wood
        Sylvia Plath.

Y si hoy hiciera el amor,
me movería suavecita,
concienzuda, sobre ti,
centrada solo en mi propio placer.

La tristeza me vuelve egoísta,
una egoísta muy
        muy hermosa.

CHANEL *ROUGE*

A una mujer
pintarse los labios supone
    comer donuts con cuchillo y tenedor,
    sonarse la nariz con el pañuelo del revés,
    lanzar besos al aire.

Maniobras ridículas
para evitar correr el carmín.

Si tú me besas
no habrá líneas rojas
que nos separen.

ODA AL DÓNUT

Lo más rico del bollo
no es su masa ni su fritura,
sino el azúcar compacto
que se fragmenta de la corteza
en numerosas miguitas
y recoges mojando la yema de tu dedo.

Chupeteas, adicta
a esos pequeños momentos dulces
desprendidos de un todo.

Sí

Voy a coger tu no
y todos los otros no
y a los futuros no.

Amasaré esos no,
haré una bola con cada no,
hornearé a 180° los no.

Después,
en caliente,
sin almíbares,
te los haré tragar.

Y sí,

me darás las gracias
por darte de comer.

TENGO UN E-MAIL

Cuando me escribas,
dirígete a mí como «Tu estimada».
No olvides poner punto final,
porque mi dignidad es mayor que tu memoria,
y me tragaré el orgullo
cuando, en vez del *Mail Delivery Subsystem* que mereces,
responda con «Saludos cordiales»
que antes fueron mis «Besos».

CARRIL RÁPIDO

Semáforo rojo Me lío un cigarro Freno embrague acelerador piloto izquierdo Luces de emergencia Semáforo verde En marcha Quinta para llegar a tu cresta ilíaca Cae una china sobre mi pantalón Freno embrague acelerador piloto derecho Luces de emergencia En marcha Quinta para llegar al matadero No encuentro el cedé no encuentro el maldito cedé El maldito cedé con la canción que me aporreaste a la batería Freno embrague acelerador piloto izquierdo Luces de emergencia En marcha Manolo Tena y sus incoherencias térmicas Quinta para llegar a ninguna parte Te dije te avisé te rogué te expliqué No me gusta malgastar los kilómetros de tu autopista Pero me respondiste nena ya deberías estar aquí Freno embrague acelerador se han fundido los pilotos Luces de emergencia Es la quinta y última vez que voy a rellenarte el hueco vacío de tu cadera Luces de emergencia.

LOCA

Lo que para mí
es un ataque de
     amor,
     ingenio,
     creatividad,
     poesía,
para ti
es ataque de
locura.

Pero nunca olvides,
     nunca,
que ambos tenemos razón.

Feminismo *PRÊT-À-PORTER*

El morado no combina con todos los colores
ni es *prêt-à-porter* de otoño.
Se viste desde las entrañas. Bajo capas
traslúcidas
    de coherencia
      y sororidad.

ALDI EN TERUEL

Cuando no me echan de menos
me aparto, como fruta mohosa
del fondo del frigorífico.

Y me transformo en semilla
para empezar donde me recuerden.

Rubielos

En Mora hay un río seco.
Yo he pescado
al único pez
que nadaba a la contra
de gente corriente.

PUERTOMINGALVO

Estas zapatillas nuevas
me hacen ampollas
hasta que se adapten a mis pies.

Seamos
suelas desgastadas.

IRREGULAR

Soy cartabón,
capaz de trazar líneas rectas
y ángulos perfectos
mientras no haya fuerzas
moviendo la hoja. Todo es posible.

Una espina como herencia

Incluso los cactus brotan flor
en primavera. Conservan agua
en las peores condiciones
para dar vida. Incluso los cactus
son más generosos.

Shhh

Silencio en el pasillo.
Silencio en el dormitorio.
Silencio en familia.
Nunca había visto
tantos pájaros al otro lado
de mi ventana.
Vuelan. En silencio.

TLP

No quieras entenderme,
como no se entiende
que una misma fuerza natural
emerge bahías en Halong
o inunda tierras en Tailandia.

LIBRE Y PODEROSA

Siempre supe de mi poder
para saltar desde el Sol a Neptuno.
Solo debo desanclarme
de estos zapatos con tierra.

ÚNICA E IRREPETIBLE

Mis besos son como yo,
inexactos, asimétricos,
nunca doy dos iguales.

Así de singular eres para mí.

PARTE II
BESTIARIO EN POST-IT

Voy a romper este *be so*
por nuestra salud.

Cuando una chica te busca,
puede que un día se canse
y prefiera encontrar sin ti.

En mi noviembre,
eres el hemistiquio
más caluroso.

Solo por esta noche,
seamos restos
de nuestra hoguera.

A algunas chicas
nos gusta comer carbón
el 6 de enero.

Prefiero estar loca
a ser aburrida.

Nunca he sabido
decir las cosas sin utilizar
todo el abecedario.

Soy dulce y peleona
como un tinto
de verano.

Nadie ha visto nunca un unicornio,
pero yo bailo con la canción del pavo real de 'El Puma'
y me emborracho
con un chupito de tequila.

Y por fin Diosa
destruyó su familia al séptimo día
para construirse ella.

Mi problema
no es ser demasiado intensa,
sino estar demasiado viva.

Nuestra física cuántica
permite atracción
mientras nos observamos.
El resto del tiempo, ni existimos.

Yo no exploto.
Implosiono.

Has llegado
al final del camino
cuando eres la piedra
a tropezar.

Entonces, un día viene la lucidez
para mostrar molinos
que recibiste gigantes.
Y ya nadie somos nada.

Algún día
te darás cuenta
de que al armadillo
lo sostiene un cuerpo blando.

Soy tan apasionada en todo,
que siempre actúo
como si fuera a caerme un rayo
en diez minutos.

Hay dos formas de vencer el dolor y miedo:
llorando
o perdiendo la cabeza.
Yo elegí
locura.

Por más que intentes herirme,
soy gata callejera.
Siempre caeré de pie.

Si Teruel es la ciudad de los amantes,
¿por qué no estáis aquí conmigo?

Yo intento estar cuerda.
El problema
es que el mundo
tensa.

                    Soy hueso perfecto
                    para un perro de caza.

Soy tan de verdad
que pueden herirme
como a una niña borracha.

                    Fíjate en la gata.
                    No acude a funerales
                    y sigue con su vida.

Sigo siendo tiburón,
aunque en ocasiones
me coman los peces.

                    En este cuadrilátero
                    sobra alguien,
                    y no soy yo.
                    Aquí se viene
                    a luchar.

Puedo rastrear huellas de león en la jungla.
Puedo olisquear humo a través de parajes.
Pero no tengo aptitudes
para apreciar nuestro fin.

                    Cuando «tenemos que hablar»
                    es el lugar
                    de un día común.

Agarra una caja con cincuenta libros
y desplázate unos metros.
Algunos días
son así.

                        Cuando quieras castigarme,
                          recuerda que yo resistí
                                        sin llorar
                               todas las palizas.

Llega un momento
que todo el sonido
es blablablá.

                        Más vale pájaro en mano
                             que cien volando.
                                          A mí
                                dejadme libre.
                    Y encontraré noventa y nueve razones
                                 para regresar.

Vivo en una casa sin mar
con gaviotas en el tejado.
Me cuentan que, una vez,
fuimos familia.

Eva, en realidad,
partió peras.
Y descansó
todos los malditos días.

Dadme un mar
y lo cubriré de oleaje.

Dadme una calle
y echaré a rodar.

Dadme una bala
y encajaré mi sien.

Dadme una solución
y seré el problema.

Marcharon poco a poco.
Y surgieron personas
vaciadas.

Antes de ejecutarme,
recuerda que las villanas
solo existen en Disney.

En mi playa de arena fina
los pedruscos pasan desapercibidos
entre la inmensidad.

La agresividad pasiva
se arma con balas
de condescendencia.

Mi gata sabe
que huelo
a perra.

En algún universo paralelo
tomamos decisiones correctas.
Consuela imaginar
otro yo con otro tú.

Encuentras insomnio
cuando pierdes sueños.

Amor, te quiero
con revolución e insurgencia.
No me aburras.

Tu círculo cerrado
jamás encajará
en mi poliedro.

No me asusta un mundo con virus,
me asusta un cuerpo sin mundo.
He nacido para ser tocada.

Y dijo el suicida:
«para qué quiero salud
si no tengo nada más».

En el balcón soy libre
cuando el viento circula
sobre mi mejilla.

De esto no se habla,
pero así es como
termina todo.

El único defecto
que no tengo
eres tú.

Cuando pierdo
las gaviotas de mi cabeza,
veo el mar en ti.

Soy una estrella
fugada en agosto
que viaja en diciembre.

De amor no se muere,
pero hordas de *zombies*
caminan las calles.

Cuando caigo del trapecio,
me recoge una red
que junta los pedazos
y resucito en *collage*.

Del paisaje,
elijo ser agua
y a ti como orilla.

Soy libre
cuando los pájaros
regresan a mi cabeza.

Quererme implica
cambiar la dinámica
y vivir con los pájaros.

BIOBIBLIOGRAFÍA

Aunque ha cursado Estudios Sociosanitarios, proviene del sector de la docencia desde hace más de quince años y dispone de experiencia en todos sus ángulos, destacando principalmente como profesora de talleres literarios, educadora medioambiental y monitora sociocultural. Combina así ambas profesiones: sociosanitaria y educadora.

En Madrid realizó su formación literaria, ciudad donde vivió once años, en la Escuela de Escritores, Escuela de Letras y Fuentetaja. Tras dar sus primeros pasos en la narrativa y el relato corto, escribió y publicó varios libros de poesía, además de colaborar como redactora en medios de comunicación digitales y ganar o ser finalista en premios literarios de narrativa y poesía.

Muy vinculada a la actividad cultural de Oviedo, Madrid y Zaragoza, organiza y coordina de forma habitual diversos eventos literarios y culturales en espacios culturales y creativos de estas ciudades, o participa en ellos como autora o coorganizadora.

Coordinadora del Fanzine #LABFanzine y del ciclo feminista de mujeres artistas #NosotrasCreamos; además de los eventos literarios #LABStreetZGZ y #LABStreetTeruel.

Exsocia, después de muchos años, en la Asociación Aragonesa de Escritores y de la Plataforma Poética Alzavoz Zaragoza.

Desde mayo de 2017, gestiona y dirige en Zaragoza una escuela de escritura creativa y animación a la lectura —El Laboratorio de Sueños—,donde también ejerce como docente en los cursos y talleres de escritura creativa, narrativa y poesía, tanto para público adulto, como juvenil e infantil. Esta escuela tiene presencia en las tres provincias aragonesas.

Como gerente-propietaria de El Laboratorio de Sueños, ha sido galardonada con el Premio RSA 2019 en la categoría de autónoma.

Lee todo tipo de géneros literarios, siendo sus favoritos el realismo mágico y la ciencia ficción; aunque, sobre todo, lee poesía. Le habría gustado estudiar Arqueología, Antropología, Historia, Astrofísica o Física Cuántica, pero se conforma con leer algunos buenos libros donde le expliquen de qué estamos hechos, de dónde venimos y a dónde vamos. Le apasionan también el cine y la música, puede hablar horas y horas sobre una buena película mientras toma un batido de chocolate con sus amigas. Siempre escribe con música de fondo y alguno de sus gatos sobre sus pantorrillas. Odia las tormentas. Le gustaría volar en dragón. Recuerda todo lo que sueña. Cuando está triste, baila con la canción *Pavo real* de El Puma. Le encantan Gloria Fuertes, Saramago, J. D. Salinger, Sylvia Plath y la tarta Sacher.

Publicaciones de poesía:

- *El desvestir del pulgar* (Ediciones Vitruvio).
- *Abierta de piernas* (Bohodón Ediciones). Prólogo de Marcos Almendros.
- *La mujer anochecía* (Amargord Ediciones). Prólogo de José Luis Piquero. Epílogo de Óscar D'Aniello.
- *Te lo verso a la cara* (Groenlandia Ediciones). Prólogo de David Suárez «Suarón».
- *Venus 39* (Zoográfico Ediciones). Poemario con fotografías de Javier Jimeno Maté. Prólogo de Olvido Andújar.

Antologías de poesía y narrativa:

- *Pazlestina* (Ediciones El Viejo Topo). Poesía.
- *Poker de Reinas* (Groenlandia Ediciones). Poesía.
- *Esnifando Letras* (Groenlandia Ediciones). Poesía.
- *Puta Poesía* (Ediciones Luces de Gálibo). Poesía.
- *Poetrastos* (LVR Ediciones). Poesía.
- *Poesía en los bares* (Groenlandia Ediciones). Poesía.
- *Repoker de Reinas* (Groenlandia Ediciones). Poesía.
- *Poética Armilar* (Ediciones LápizCero). Poesía.
- *¡Oh! Relatos eróticos* (Galería Arancha Osoro). Narrativa.
- *Ars moriendi* (Ediciones Más Madera). Narrativa.
- *Erótica XXI* (Ediciones Más Madera). Narrativa.
- *Habitación 2019* (Ediciones Más Madera). Narrativa.
- *De vinos* (Ediciones Más Madera). Narrativa.
- *Pulsiones en verso* (Ediciones Kirón). Poesía.
- *OhDiosas* (Ediciones Raro). Poesía.
- *Lugares comunes* (Apache Libros). Narrativa y poesía.

Premios literarios:

- Premio Relato Corto Jóvenes Escritores José María Franco Delgado (España, 2006).
- 2ª finalista anual Certamen Microrrelatos Cadena Ser y Escuela de Escritores (España, 2006).
- Finalista Certamen Microrrelatos Radio Onda Madrid (España, 2007).
- Finalista Certamen Poesía Una Voz en el Abismo (Perú, 2007).
- Finalista I Premio Poesía Fernando Gil Tudela (España, 2008).
- Finalista XL Premio Poesía Manuel Garrido Chamorro (España, 2019).

ÍNDICE